Bibliografische Information der Deutschen Nationalbibliothek:

Die Deutsche Bibliothek verzeichnet diese Publikation in der Deutschen National-bibliografie; detaillierte bibliografische Daten sind im Internet über http://dnb.d-nb.de/ abrufbar.

Impressum:

Copyright © 2017 GRIN Verlag
Druck und Bindung: Books on Demand GmbH, Norderstedt Germany
ISBN: 9783668796003

Dieses Buch bei GRIN:

https://www.grin.com/document/437918

Susann-Christin Zwinge

Qualitätszertifizierung, Investition, Finanzierung, Produktion und Logistik

GRIN Verlag

GRIN - Your knowledge has value

Der GRIN Verlag publiziert seit 1998 wissenschaftliche Arbeiten von Studenten, Hochschullehrern und anderen Akademikern als eBook und gedrucktes Buch. Die Verlagswebsite www.grin.com ist die ideale Plattform zur Veröffentlichung von Hausarbeiten, Abschlussarbeiten, wissenschaftlichen Aufsätzen, Dissertationen und Fachbüchern.

Deutsche Hochschule für

Prävention und Gesundheitsmanagement

Hermann Neuberger Sportschule 3

66123 Saarbrücken

Einsendeaufgabe

Fachmodul: BWL 4

Studiengang: Sportökonomie

Datum
Präsenzphase: 18.04.17 – 20.04.17

Name, Vorname: Zwinge, Susann-Christin

Studienort: **Köln**

Semester: **WS 2014**

Inhaltsverzeichnis

1 Qualitätszertifizierung

1.1 Personalanforderungen für gerätegestütztes Training nach DIN 33961

1.1.1 Personaleinsatzplan

Tab. 1: Personaleinsatzplan Sportpark am See

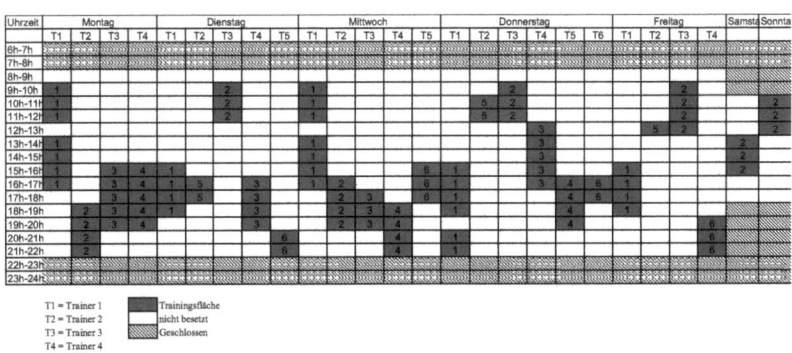

T1 = Trainer 1
T2 = Trainer 2
T3 = Trainer 3
T4 = Trainer 4
T5 = Trainer 5
T6 = Trainer 6

Trainingsfläche
nicht besetzt
Geschlossen

1.1.2 Qualifikationsstufen

Tab. 2: Qualifizierungsstufen Trainer im Sportpark am See

Trainer	Qualifikation	Qualifizierungsstufe
Trainer 1	Bachelor of Arts in Fitnessökonomie (DHFPG), Bereichsleiter	Qualifikationsstufe 6
Trainer 2	Student, 5. Semester, Bachelor of Arts in Sportökonomie (DHFPG), Fitnesstrainier B-Lizenz (BSA), Trainer Cardiofitness (BSA)	Qualifikationsstufe 3
Trainer 3	Student, 3. Semester, Bachelor of Arts in Sportökonomie (DHFPG), Fitnesstrainer B-Lizenz (BSA)	Qualifikationsstufe 2
Trainer 4	Azubi zum Sport- und Fitnesskaufmann (1. Ausbildungsjahr) (Berufs-kolleg an der Lindenstraße, Köln), Sportpark am See (Ausbildungs-unternehmen)	Qualifikationsstufe 1
Trainer 5	A-Lizenz (BSA)	Qualifikationsstufe 4
Trainer 6	A-Lizenz (BSA)	Qualifikationsstufe 4

1.1.3 Soll/Ist-Vergleich

Berechnung der Öffnungszeiten der Trainingsfläche

Montag - Freitag: 8 Uhr – 22 Uhr (je 14 Stunden = 70 Stunden)

Samstag - Sonntag: 10 Uhr – 18 Uhr (je 8 Stunden = 16 Stunden)

Summe: 70 + 16 = **86 Stunden bzw. 5.160 Minuten**

Berechnung der Soll-Werte der Trainerwochenstunden

Öffnungszeiten in Minuten: **5.160**

Größe der Anlage: **1.500 - 2.499 qm**

Sollwert: **140 Stunden**

Berechnung des Ist-Wert der Trainerwochenstundenzahl anhand des Personaleinsatzplanes:

Trainerwochenstundenzahl: **97 Stunden**

→ **nicht erfüllt**

Bereichsleiter Trainer:

Soll: Qualifikationsstufe 4 (Fitnesstrainer A-Lizenz, Lehrer für Fitness)

Ist: Qualifikationsstufe 6 (Bachelor of Arts in Fitnessökonomie)

→ **erfüllt**

Trainereinsatz:

Soll: mind. 30 % der Zeit müssen mind. durch Qualifikationsstufe 3 abgedeckt werden

Ist: Die folgenden Trainer sind mind. Qualifikationsstufe 3 qualifiziert:

      Trainer 1 (Qualifikationsstufe 6): 28 Stunden

      Trainer 2 (Qualifikationsstufe 3): 21 Stunden

      Trainer 5 (Qualifikationsstufe 4): 5 Stunden

      Trainer 6 (Qualifikationsstufe 4): 10 Stunden

      —————

      64 Stunden

Der Soll-Wert von 140 Trainerwochenstunden wird mit 64 Stunden zu **45,71%** durch min. Qualifikationsstufe 3 abgedeckt.

→ **erfüllt**

Betreuung während der gesamten Öffnungszeiten:

Soll: Während der gesamten Öffnungszeit muss mind. ein Trainer mit Qualifikationsstufe 2 anwesend sein.

Ist: Trainer 4 hat nicht mind. Qualifikationsstufe 2 (Azubi zum Sport- und Fitnesskaufmann) und wird am Mittwoch von 20 Uhr bis 22 Uhr und am Donnerstag von 19

Uhr bis 20 Uhr insgesamt für 3 Stunden eingesetzt. In dieser Zeit befindet sich **kein** anderer Trainer mit mind. Qualifikationsstufe 2 auf der Trainingsfläche.

→ **nicht erfüllt**

Die Anforderungen an die DIN 33961 werden nicht erfüllt!

43 Trainerwochenstunden fehlen um die Soll-Werte von 140 zu erfüllen.

Die Defizite können entweder durch die Einstellung eines neuen Trainers oder durch die Erhöhung der Arbeitsstunden der bereits bestehenden Trainer auf der Fläche behoben werden.

3 Stunden der Öffnungszeiten werden nicht durch einen Trainer mit mind. Qualifikationsstufe 2 abgedeckt. Die Defizite können schnell und mit wenig Aufwand behoben werden. Insgesamt existieren 5 Trainer im Unternehmen, die über mind. Qualifikationsstufe 2 verfügen. Die 3 Stunden können demnach gut durch andere Trainer abgedeckt werden.

1.1.4   Notfallmanagement

Für Notfälle muss ein Notfallkonzept mit einem Handlungs- und Organisationsplan für den medizinischen Notfall und für den Feuernotfall vorliegen. Des Weiteren müssen immer ein Ersthelfer und ein Brandschutzhelfer (ggf. in Personalunion) im Studio anwesend sein.

In der folgenden Tabelle 2 werden zwei Anbieter jeweils für die Ausbildung zum Ersthelfer und Brandschutzhelfer vorgestellt. Außerdem werden die gesamten Kosten für die Mitarbeiter, die in dem Personaleinsatzplan in Aufgabe 1.1.1 aufgeführt werden, für die Ausbildungen dargestellt.

Tab. 3: Notfallmanagement Anbieter und Kosten

Anbieter	Unterrichts-einheiten	Kosten / Person	Gesamte Kosten	Quelle
Ersthelfer-Ausbildung				
Die Johanniter RV Rhein.-/ Oberberg	9 UE	35,- €	210,- €	Die Johanniter, 2017
Deutsches Rotes Kreuz Kreisverband Oberbergischer Kreis e.V.	9 UE	40,- €	240,- €	Deutsches Rotes Kreuz, 2012
Brandschutzhelfer				
AWO Kreisverband Rhein-Oberberg e.V.	4 UE	95,- €	570.- €	AWO, kein Datum
DEKRA	8 UE	261,80.- €	1.570,80,-€	DEKRA Akademie GMBH, 2017

1.2 Einsehbarkeit der Trainingsfläche

1.2.1 Grundriss

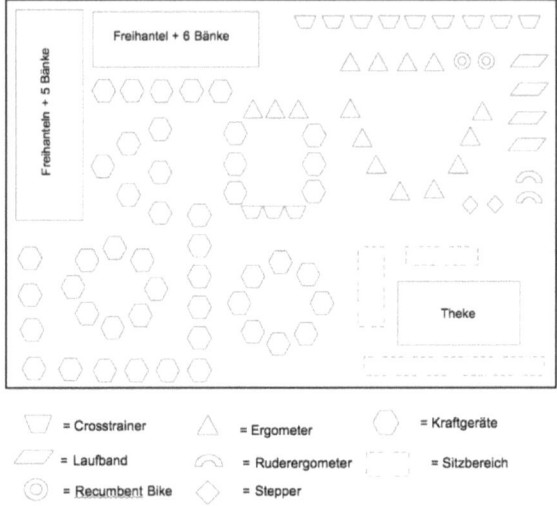

Abb. 1: Grundriss Sportpark am See

1.2.2 Einsehbarkeit

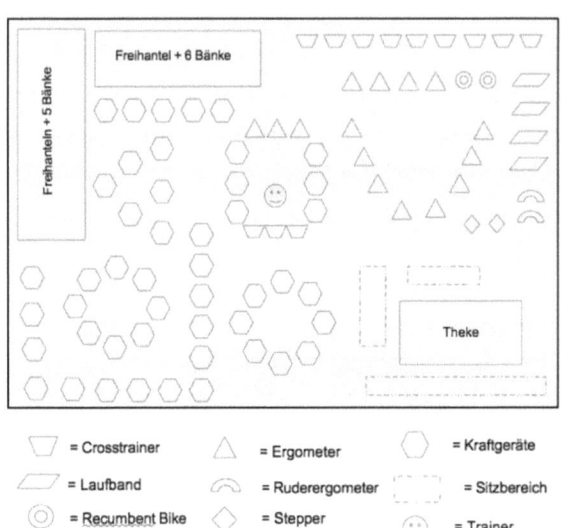

Abb. 2: Einsehbarkeit der Trainingsfläche Sportpark am See

Der Trainer ist in der Abbildung als Smiley gekennzeichnet. Durch diesen Beobachtungspunkt hat er eine Einsehbarkeit der Trainingsfläche von 100%. Demnach gibt es **keinen Abzug** auf Grund reduzierter Einsehbarkeit des Trainingsbereiches vom Beobachtungspunkt.

→ **erfüllt**

2 Investition

2.1 Kapitalwertmethode

Anschaffungskosten: 70.000,- € brutto

$$70.000,- € / 1,19 = 58.823,53,- € \text{ netto}$$

Liquidationserlös nach 4 Jahren: 30.000,- € netto

Kalkulationszinssatz: 8 %

i = Zinssatz

k = Kapitalwert

Barwert Einzahlungen:

Tab. 4: Kapitalwertmethode, Barwert Einzahlungen

Jahr	Einzahlung	Abzinsung	Barwert
1	28.400,- €	$1,08^{-1}$	26.296,30,- €
2	29.200,- €	$1,08^{-2}$	25.034,29,- €
3	32.600,- €	$1,08^{-3}$	25.878,93,- €
4	29.700,- €	$1,08^{-4}$	21.830,39,- €
Summe			99.039,91,- €

Barwert Auszahlungen:

Tab. 5: Kapitalwertmethode, Barwert Auszahlungen

Jahr	Auszahlung	Abzinsung	Barwert
1	12.800,- €	$1,08^{-1}$	11.851,85,- €
2	16.500,- €	$1,08^{-2}$	14.146,09,- €
3	19.200,- €	$1,08^{-3}$	15.241,58,- €
4	21.400,- €	$1,08^{-4}$	15.729,64,- €
Summe			56.969,16,- €

Barwert Liquidationserlös nach 4 Jahren:

$30.000,- € * 1,08^{-4} = 22.050,90,- €$

Formel: $k = - A_0 + \sum (E_t - A_t)(1+i)^{-t} + L_n (1 + i)^{-n}$

$k = - 58.823,53 + (99.039,92 - 56.969,16) + 22.050,90$

$k = \mathbf{5.298,13,- €}$

Der Kapitalwert von 5.298,13,-€ ist > 0. Es kann erwartet werden, dass die investitions-bedingten Ausgaben sowie die erwartete Verzinsung wieder erwirtschaftet werden und somit die Anschaffung lohnenswert ist.

2.2 Interne Zinsfußmethode

Anschaffungskosten: 70.000,- € brutto

$\qquad$ 70.000,- € / 1,19 = 58.823,53,- € netto

Liquidationserlös nach 4 Jahren: 30.000,- €

Kalkulationszinssatz: 6 % und 12 %

i = Zinssatz

k = Kapitalwert

r = interner Zinsfuß

Berechnung Kapitalwert bei 6 %:

Barwert Einzahlungen:

Tab. 6: Interne Zinsfußmethode, Berechnung Kapitalwert bei 6 %, Barwert Einzahlungen

Jahr	Einzahlung	Abzinsung	Barwert
1	28.400,- €	$1,06^{-1}$	26.792,45,- €
2	29.200,- €	$1,06^{-2}$	25.987,90,- €
3	32.600,- €	$1,06^{-3}$	27.371,59,- €
4	29.700,- €	$1,06^{-4}$	23.525,18,- €
Summe			103.677,12,- €

Barwert Auszahlungen:

Tab. 7: Interne Zinsfußmethode, Berechnung Kapitalwert bei 6 %, Barwert Auszahlungen

Jahr	Auszahlung	Abzinsung	Barwert
1	12.800,- €	$1,06^{-1}$	12.075,47,- €
2	16.500,- €	$1,06^{-2}$	14.684,94,- €
3	19.200,- €	$1,06^{-3}$	16.120,69,- €
4	21.400,- €	$1,06^{-4}$	16.950,80,- €
Summe			59.831,90,- €

Barwert Liquidationserlös nach 4 Jahren:

$30.000,- € * 1,06^{-4} = 23.762,81,- €$

Formel: $k = - A_0 + \sum (E_t - A_t)(1+i)^{-t} + L_n(1+i)^{-n}$

$k = -58.823,53 + (103.677,12 - 59.831,90) + 23.762,81$

$k_1 = \mathbf{8.784,50,- €}$

Berechnung Kapitalwert bei 12 %:

Barwert Einzahlungen:

Tab. 8: Interne Zinsfußmethode, Berechnung Kapitalwert bei 12 %, Barwert Einzahlungen

Jahr	Einzahlung	Abzinsung	Barwert
1	28.400,- €	$1,12^{-1}$	25.357,14,- €
2	29.200,- €	$1,12^{-2}$	23.278,06,- €
3	32.600,- €	$1,12^{-3}$	23.204,04,- €
4	29.700,- €	$1,12^{-4}$	18.874,89,- €
Summe			90.714,13,- €

Barwert Auszahlungen:

Tab. 9: Interne Zinsfußmethode, Berechnung Kapitalwert bei 12 %, Barwert Auszahlungen

Jahr	Auszahlung	Abzinsung	Barwert
1	12.800,- €	$1,12^{-1}$	11.428,57,- €
2	16.500,- €	$1,12^{-2}$	13.153,70,- €
3	19.200,- €	$1,12^{-3}$	13.666,18,- €
4	21.400,- €	$1,12^{-4}$	13.600,09,- €
Summe			51.848,54,- €

Barwert Liquidationserlös nach 4 Jahren:

$30.000,- € * 1,12^{-4} = 19.065,54,- €$

Formel: $k = -A_0 + \sum (E_t - A_t)(1+i)^{-t} + L_n(1+i)^{-n}$

$k = -58.823,53 + (90.714,13 - 51.848,54) + 19.065,54$

$k_2 = \mathbf{-892,40,- €}$

Berechnung interner Zinsfuß:

Formel: $r = p_1 - k_1 * (p_2 - p_1) / (k_2 - k_1)$

$r = 0,06 - 8.784,5 * (0,12 - 0,06) / (-892,40 - 8.784,5)$

$r = 0,1145$

$r * 100 = \mathbf{11,45\ \%}$

Der interne Zinsfuß der Investition unter Berücksichtigung der Versuchszinssätze von 6 % und 12 % liegt bei 16,49 %. Demnach liegt die durchschnittliche Rendite dieser Investition bei 16,49 %. Der interne Zinsfuß ist somit höher als der Kalkulationszinssatz von 8 %.

3 Finanzierung

3.1 Finanzierung einer Photovoltaikanlage

Dem Unternehmen stehen für die Finanzierung der Photovoltaikanlage verschiedene Finanzierungsmittel zur Verfügung. Im Folgenden werden drei verschiedene Finanzierungsinstrumente erläutert.

Die erste Möglichkeit ist die **externe Fremdfinanzierung**. Hierbei läuft die Finanzierung über das Fremdkapital. Das bedeutet, dass der erwirtschaftete Umsatz eines Unternehmens nicht zur Finanzierung mit einbezogen wird. Der Kapitalgeber ist ein Außenstehender und steht in keiner Verbindung mit dem Unternehmen. Er erhält lediglich einen Forderungstitel, welcher ihn dazu befugt, dass zu schuldende Kapital zu fordern (Wöhe & Döring, 2013, S. 546). Somit stammt das Geld aus einer externen Quelle. Ein Beispiel dieser externen Fremdfinanzierung ist die Kreditfinanzierung (Geyer, Hanke, Littich, & Nettekoven, 2015, S. 137). Wenn sich das Unternehmen für eine Kreditfinanzierung entscheidet, um die Photovoltaikanlage zu finanzieren, dann muss Folgendes beachtet werden:

Es handelt sich um eine langfristige Investition. Das Unternehmen muss die Kreditfinanzierung in Form eines Darlehens von einer Bank beantragen (Wöhe & Döring, 2013, S. 547). Diese wird das Unternehmen einer Kreditwürdigkeitsprüfung unterziehen. Dabei wird geklärt, ob das Unternehmen die finanziellen Mittel der Bank erhält und in welchen Raten das Darlehen getilgt werden soll (Wöhe & Döring, 2013, S. 621). Dadurch steht dem Unternehmen ein höheres Anlagevermögen zur Verfügung. Es bestehen allerdings Fixkosten in Form von monatlichen Ratenzahlungen, die den monatlichen Gewinn und die Liquidität senken.

Eine weitere Möglichkeit ist die **interne Fremdfinanzierung** (Wöhe & Döring, 2013, S. 475). Hierbei werden die finanziellen Mittel aus dem betriebseigenen Umsatz des Unternehmens entnommen. Das Geld wird zurückgestellt und anschließend für künftige Ausgaben verplant (Wöhe & Döring, 2013, S. 597). Daher sind diese Mittel in der Unternehmensbilanz als Fremdkapital verzeichnet. Falls das Unternehmen eine größere Investition plant, z. B. eine Photovoltaikanlage, dann kann zur Kauffinanzierung auf diese Rücklagen zurückgegriffen werden.

Die **externe Eigenfinanzierung** als dritte Möglichkeit zur Finanzierung der Photovoltaikanlage ähnelt der externen Fremdfinanzierung. Das Geld wird von außen eingeholt und stammt demnach nicht aus dem Unternehmensumsatz (Wöhe & Döring, 2013, S. 542). Der Unterschied zur externen Fremdfinanzierung liegt beim Kapitalgeber. Der Kapitalgeber stellt seine eigenen, privaten finanziellen Mittel zur Verfügung und erhält im Gegenzug Beteiligungsanteile am Unternehmen in Form von Aktien- oder Stimmrechten. Der Kapitalgeber wird somit zum Anteilseigner des Unternehmens. Es treten keine Rückzahlungskosten für das Unternehmen an den Anteilseigner auf. Damit erhöht sich das Eigenkapital des Unternehmens, mit welchem gewirtschaftet werden kann. So entsteht die Möglichkeit in die Photovoltaikanlage zu investieren.

3.2 Stellungnahme Kreditfinanzierung

„In der Unternehmenspraxis hat sich die Kreditfinanzierung bei Investitionsgütern des Anlagevermögens als die einzig wahre Finanzierungsform herausgestellt."

Um diese Aussage begründen zu können und Stellung zu nehmen, werden im Folgenden die Vor- und Nachteile der Kreditfinanzierung, sowie anderer Finanzierungsarten erläutert.

Zur Finanzierung eines Investitionsgutes können die flüssigen Mittel aus drei verschiedenen Quellen stammen: Die frei verfügbaren, liquiden Mittel; das Eigenkapital und das Fremdkapital.

Bei größeren Investitionen, die nicht über das Eigenkapital und über die frei verfügbaren liquiden Mittel eines Unternehmens finanziert werden können muss das Fremdkapital in Betracht gezogen werden.

Bei der Kreditfinanzierung wird über einen bestimmten Zeitraum, in zuvor festgelegten Raten und Zinsen, das Investitionsgut abbezahlt. Ab der ersten Rate kann sich das Unternehmen Eigentümer nennen. Die Zinsen können bei dieser Finanzierungsform steuerlich abgesetzt werden (Nufer & Bühler, 2012, S. 270). Durch die Fremdfinanzierung sind die Sicherung der Rentabilität und die Aufrechterhaltung der Liquidität gegeben wodurch eine Überschuldung vermieden werden kann.

Der Leverage-Effekt ist auch ein Vorteil der Kreditfinanzierung.

„Der Leverage-Effekt beschreibt die Hebelwirkung des Fremdkapitals, wonach mit vermehrtem Einsatz von Fremdkapital - unter günstigen Bedingungen - eine Erhöhung der Eigenkapitalrentabilität erreicht werden kann" (Wöhe & Döring, 2013, S. 613). Die Voraussetzung hierfür ist allerdings, dass die Gesamtkapitalrendite des Unternehmens höher liegen als die Fremdkapitalzinsen.

Ein Nachteil der Kreditfinanzierung sind die zu zahlenden Zinsen. Des Weiteren ist das Unternehmen an eine feste Laufzeit und an eine feste Ratenzahlung gebunden. Außerdem erhöht sich das Unternehmensrisiko mit steigender Fremdkapitalfinanzierung, da ggf. der Kapitaldienst nicht mehr bedient werden kann. Demnach wäre das Unternehmen zahlungsunfähig. Auch besteht die Gefahr, dass sich das Unternehmen überschuldet und so die Schulden bzw. das Fremdkapital nicht mehr durch das Vermögen decken kann.

Dem gegenüber ist die Fremdfinanzierung durch Leasing zu nennen. Das Leasing ist eine spezielle Form der Miete, die eine mittel- bis langfristige Überlassung von Investitionsgütern des Anlagevermögens gegen eine Zahlung eines so genannten Nutzungsentgelts (Leasingebühr) versteht (Wöhe & Döring, 2013, S. 567).

Das Unternehmen ist in diesem Fall kein Eigentümer des Investitionsguts und zahlt höhere Leasingraten an den Leasinggeber. „Die monatlichen Leasingraten stellen für das Unternehmen Fixkosten dar, die sich auf den Deckungsbeitrag auswirken" (Bernasch - Lieber, et al., 2016, S. 593). Des Weiteren ist das Unternehmen an die Mindestlaufzeit gebunden, da Leasingverträge i. d. R. unkündbar sind (Bernasch - Lieber, et al., 2016). Nach Ablauf des Leasingvertrags muss der Leasingnehmer das Investitionsgut an den Leasinggeber zurückgeben, es sei denn der Leasingnehmer zahlt eine Anschlusszahlung und kauft das Investitionsgut (Nufer & Bühler, 2012, S. 273).

Allerdings kann dies auch von Vorteil sein, da nach Ablauf des Leasingvertrags ein neues, moderneres Investitionsgut geleast werden kann und das Unternehmen auf dem neusten Stand bleibt. Häufig können im Vertrag auch zusätzliche Dienstleistungen wie z. B. ein Wartungsvertrag vereinbart werden. Dies steigert zwar die monatlich zu zahlende Leasingrate, macht die monatlichen Gesamtkosten allerdings planbarer, da keine unvorhersehbaren Kosten wie z. B. Reparaturen anfallen (Bernasch - Lieber, et al., 2016, S. 592-593). Zudem ermöglicht Leasing jederzeit eine kostenintensive Anschaffung und bietet steuerliche Vorteile, da Leasing voll abgesetzt werden kann, was sich positiv auf die Bilanz auswirkt.

Die Aussage kann nicht so pauschal getätigt werden, da die Finanzierung von Investitionsgütern des Anlagevermögens von vielen verschiedenen Faktoren abhängt und individuell betrachtet werden muss.

Legt man den Wert auf den Schutz vor dem Risiko der Überalterung, dann sollte die Fremdfinanzierung durch Leasing in Betracht gezogen werden. Will ein Unternehmen nur einen begrenzten Zeitraum Raten zahlen und Eigentümer des Investitionsgutes sein, um lange von dem Wert seiner Investition zu profitieren, wäre die Kreditfinanzierung die bessere Alternative.

4 Produktion und Logistik

4.1 Arbeitsproduktivität

Tab. 10: Ermittlung Check-Ins und Personalstunden am Tag Sportpark am See

	Check-Ins am Tag	Anzahl Personalstunden aus Tab. 1.1
Montag	403	21
Dienstag	336	15
Mittwoch	348	21
Donnerstag	310	22
Freitag	323	12
Samstag	151	3
Sonntag	155	3

Berechnung der Kennzahlen für den Ausbildungsbetrieb:

<u>Anzahl der Kundenbesuche pro Tag</u>
Anzahl der Personalstunden pro Tag

Montag: 403/21 = **19,19** Check-Ins pro Personalstunde

Dienstag: 336/15 = **22,4** Check-Ins pro Personalstunde

Mittwoch: 348/21 = **16,57** Check-Ins pro Personalstunde

Donnerstag: 310/22 = **14,09** Check-Ins pro Personalstunde

Freitag: 323/12 = **26,92** Check-Ins pro Personalstunde

Samstag: 151/3 = **50,33** Check-Ins pro Personalstunde

Sonntag: 155/3 = **51,66** Check-Ins pro Personalstunde

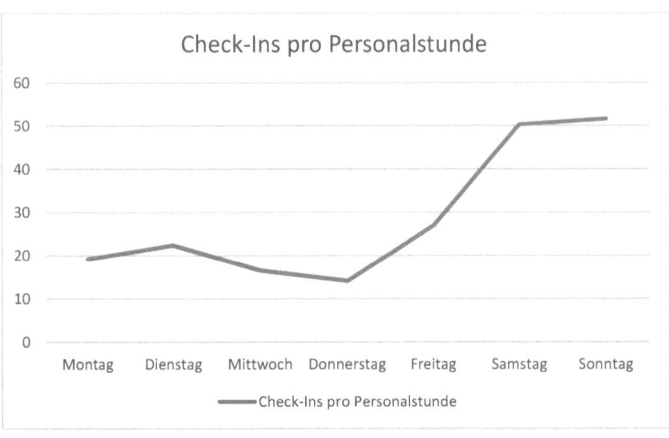

Abb. 3: Check-Inns pro Personalstunde Sportpark am See

<u>Verlauf der Kennzahlen</u>

Das Schaubild zeigt die Arbeitsproduktivität des Ausbildungsbetriebs innerhalb einer Woche des letzten Quartals. Die X-Achse stellt die Wochentage und die Y-Achse die Arbeitsproduktivität dar. Von Montag auf Dienstag steigt die Kennzahl der Check-Ins pro Trainerpersonalstunde an, woraufhin sie bis Donnerstag kontinuierlich sinkt und die niedrigste Arbeitsproduktivität erreicht. Nach dem erreichten Tiefpunkt steigt die Arbeitsproduktivität wieder an, sodass drei Tage später, der Sonntag mit 51,66 Check-Ins pro Personalstunde die größte Kennzahl zu verbuchen hat.

Montags und mittwochs wird der Sportpark am häufigsten besucht, wohingegen am Wochenende der Ausbildungsbetrieb am wenigsten Check-Ins aufweist. Der Grund für die hohe Arbeitsproduktivität am Wochenende liegt an den relativ niedrigen Personalstunden mit vergleichbar hoher Arbeitsauslastung.

Die niedrige Arbeitsproduktivität am Donnerstag lässt sich durch die hohe Anzahl an Personalstunden und der wenigen Check-Ins der Kunden erklären.

Die steigende Arbeitsproduktivität am Dienstag hingegen lässt sich auf die wenigen Personalstunden und die höheren Check-In-Zahlen zurückschließen.

Ist die Arbeitsproduktivität hoch, bedeutet das nicht unbedingt, dass das Unternehmen auch qualitativ hochwertig arbeitet. Aus der Sicht der Gewinnermittlung sollte möglichst wenig Personal eine hohe Anzahl an Mitgliedern betreuen, da das dem Unternehmen Kosten spart.

Es stellt sich allerdings die Frage, ob diese Art von Betreuung auch qualitativ hochwertig ist. Eine niedrigere Arbeitsproduktivität kann auch aussagen, dass mehr Personal für die einzelnen Mitglieder zur Verfügung steht und so enger betreut werden können. Dies könnte zu einer hochwertigeren Arbeitsqualität führen.

Um diese Produktivitätsschwankungen (siehe Abbildung 3) auszugleichen, gibt es verschiedene Möglichkeiten:

<u>Maßnahmen zur Behebung der Produktivitätsschwankungen</u>

Die Produktivitätsschwankung am Wochenende könnte das Studio durch weitere Personalstunden ausgleichen, die zusätzliche Personalstellen erfordern, oder eine längere Arbeitszeit des vorhandenen Trainers. Um die Arbeitsproduktivität des Donnerstags und Freitags auszugleichen, könnte eine Anzahl von Personalstunden des Donnerstags auf den Freitag verschoben werden. Eine weitere Möglichkeit gegen die Produktivitätsschwankungen am Donnerstag zu wirken, wäre die Erhöhung der Check-In-Zahlen. Dies wird durch eine Erweiterung des Kursprogrammes an diesem Tag, oder eine Einführung eines Spezialtarifs, z. B. einem ermäßigten Mitgliedsbeitrag, erreicht.

4.2 Einbindung des externen Faktors

In der Dienstleistungsbranche ist die Produktion an einige Besonderheiten geknüpft. Die Integration des externen Faktors in den Produktionsprozess spielt hierbei eine große Rolle, die i. d. R. vom Kunden abhängig ist (Frietzsche, 2001, S. 15). Ohne den Kunden ist es nicht möglich, die geforderte Dienstleistung zu erbringen. Demnach ist der Kunde sowohl Abnehmer als auch Mit-Produzent der Dienstleistung.

Die Dienstleistungen sind größtenteils nicht standardisierbar, da jeder Kunde verschiedene Erwartungen und Ziele hat. Daher muss jeder Kunde bei der Dienstleistungsproduktion anwesend sein. Aus diesem Grund ist die Zeit für die effiziente Planung eine Herausforderung. Die Unternehmensführung muss definieren, wie viel Zeit für bestimmte Terminarten eingeplant werden muss: Wie lange dauert ein Verkaufsgespräch? Wie lange dauert ein Einweisungstermin? Wie lange dauert ein Check-up?

Sobald der zeitliche Rahmen für die Termine steht, müssen die Trainer und Berater in der Lage sein, die geforderten Leistungen in der vorgegebenen Zeit durchzuführen.

Erscheint der Kunde durch äußere Umstände (Autopanne, Stau, keinen Parkplatz gefunden, usw.) zu spät zum Termin, entsteht automatisch ein Zeitmanagementproblem. Anstatt der eingeplanten 60 Minuten bleiben dem Dienstleister beispielsweise nur noch 30 Minuten, um die Leistungen zu erbringen.

Dem Trainer stehen nun zwei Möglichkeiten zur Verfügung:

Die erste Möglichkeit wäre, den Termin komplett durchzuführen. Hierbei entsteht das Risiko, die Terminzeit zu überziehen und zu spät zum Folgetermin zu erscheinen. Diese Variante wird im Sportpark am See nur dann gewählt, wenn ein anderer Trainer die Möglichkeit hat, für die ersten Minuten des Folgetermins einzuspringen, bis der eigentliche Trainer den Termin übernehmen kann.

Die zweite Möglichkeit wäre, das Programm zu komprimieren und nur die wesentlichen Dinge abzuklären, um dann im Anschluss einen neuen Termin zu vereinbaren. Kommt der Trainer zum externen Faktor zu spät, dann ist es die Aufgabe des Servicebereiches, dem Kunden die Zeit so angenehm wie möglich zu gestalten. Im Sportpark am See wird ihm u. a. angeboten, die Dreamwater-Lounge (Warmwassermassageliege) zu nutzen, positiver Nebeneffekt kann sein, dass der Kunde neue Produkte kennenlernt.

Ebenfalls kann ein Problem der Planung bei den Walk-Inns entstehen. Besteht eine Terminauslastung, kann ein Interessent ohne Termin nicht ohne weiteres eine Beratung bekommen. Hier hat die Servicekraft die Aufgabe, den Interessenten zu vertrösten und ihnen mitzuteilen, dass alle Trainer zurzeit in Terminen sind. Im Optimalfall vereinbart das Servicepersonal einen Beratungstermin. Es bleibt ein Restrisiko, dass der Interessent sich zwischenzeitlich in einem anderen Studio anmeldet und nicht mehr zum vereinbarten Beratungstermin erscheint. Aus diesem Grund werden im Sportpark am See die Walk-Inns direkt in das Büro zum Verkaufsgespräch weitergeleitet.

4.3 Bestandteile Abwicklungszeit und Maßnahmen

Der Ausbildungsbetrieb, Sportpark am See, ist ein gemischtes (für Männer und Frauen) und unabhängiges Fitnessstudio mit einer Größe von 1.800 qm und einer Preisstruktur 55,00 € bis 89,99 €. Die Kernleistungen des Ausbildungsbetriebes sind Mitgliedschaftsverkäufe und gesundheitsorientiertes Gerätetraining.

Im Rahmen der Dienstleistungslogistik ist der zeitliche Faktor bedeutsam, insbesondere die Abwicklungszeit. Das Ziel dieser Branche ist es, die Abwicklungszeit der Leistungserbringung zu verkürzen, um die Kundenzufriedenheit und die Qualität zu erhöhen. Man unterscheidet zwischen vier Hauptbestandteilen der Abwicklungszeit (Transferzeit, Vor- und Nachbereitungszeit, Zeit der Nutzleistung, Wartezeit), die am Beispiel des Ausbildungsbetriebs erklärt werden sollen.

Die **Transferzeit** beschreibt die Zeit, die der Kunde aufbringen muss, um den Ort des Sportparks am See aufzusuchen (Fließ, 2009, S. 240). Dieses ist von der Wohnortentfernung des Kunden abhängig. Das Fitnessstudio liegt in einer ländlicheren Region, somit spielen Hauptverkehrszeiten keine große Rolle. Die Parkplatzsituation ist problematischer. Dem Studio stehen zwei große Parkplätze zur Verfügung, die eine Kapazität von ca. 100 Parkplätzen aufweisen. Zu den Kernzeiten (9:00 Uhr - 11:00 Uhr, 18:00 Uhr - 20:00 Uhr) sind häufig alle Parkplätze belegt, sodass mit einer längeren Transferzeit gerechnet werden muss.

Sobald der Kunde den Eingang im Sportpark am See betritt, wird er im Eingangsbereich von der Servicekraft empfangen. Nun beginnt die zweite Phase, die **Vor- und Nachbereitungszeit**. Hierzu zählen alle Aktivitäten, die vor und nach der Leistungserbringung erbracht werden (Fließ, 2009, S. 240). Jeder Kunde wird persönlich ein- und ausgecheckt. Hierbei können Wartezeiten entstehen. Je höher die Auslastung des Servicepersonals ist, desto länger sind die Wartezeiten.

Nachdem der Kunde eingecheckt wurde, erhält er einen Spint-Schlüssel um sich für das Training umzuziehen. Ab hier beginnt die Zeit der **Nutzleistung**. „Die Zeit der Nutzungsleistung bezeichnet die Zeit, welche zur Ausführung der eigentlichen Dienstleistung nötig ist" (Pepels, 2003, S. 56). Diese Zeit ist abhängig von der jeweiligen Termin-art (Beratung, Einweisungstermin, Check-up, Probetraining, usw.). Der Einweisungs-termin soll hier als Beispiel dienen. Bei einer hohen Auslastung des Studios kann es an den Geräten zu Wartezeiten kommen. Wenn der Kunde für das Erlernen einer Übung viel Zeit benötigt, wird zusätzliche Zeit benötigt. Ist der Kunde zusätzlich noch sehr gesprächig und der Trainer lässt sich auf das Gespräch ein, dann kann sich die Zeit der Einweisung noch zusätzlich verlängern.

Die **Wartezeit** ist der letzte Bestandteil der Abwicklungszeit und taucht zwischen den einzelnen Bereichen auf (Pepels, 2003, S. 56). Das Warten auf den Trainer ist dafür ein klassisches Beispiel. Wie in Kapital 4.2 bereits erläutert, soll das Servicepersonal durch das Anbieten von Getränken, Testen der Warmwassermassageliege oder Blättern in Zeitschriften, die Wartezeit für den Kunden so angenehm wie möglich gestalten.

Im Folgenden werden **Maßnahmen zur Verkürzung der Abwicklungszeit** im Sport-park am See erläutert. Um die Transferzeit zu optimieren wäre die Entlastung der Park-platzsituation eine Möglichkeit. Hier müsste man mit der Gemeinde sprechen, um mehr Parkplätze nutzen zu können. Dieser Bestandteil ist nicht weiter zu verbessern, da er sonst nur von externen Faktoren (Wetter, Verkehr) abhängig ist.

Um die Vor- und Nachbereitungszeit zu verkürzen würde sich ein automatisches Check-Inn-System anbieten, z.B. in Form eines Drehkreuzes. Das würde für den Kunden Zeit einsparen und zugleich das Servicepersonal entlasten.

Desweitern sollte das Servicepersonal bei einer Terminvergabe darauf achten, dem Kunden mitzuteilen, dass er ca. 10 Minuten früher zum Termin erscheinen soll um ei-nen reibungslosen Ablauf der Dienstleistungen gewährleisten zu können. Hier werden automatisch Wartezeiten eingeplant, welche der Zeit der Nutzungsleistung entgegen-kommen.

Auch durch die Einführung eines Nachmittagstarifes oder die Erhöhung der Preise ab 18 Uhr könnte das Unternehmen die Abendstunden entlasten, um die Wartezeit zu verbes-sern.

5 Literaturverzeichnis

AWO. (kein Datum). *AWO-Rhein-Oberberg. Brandschutzhelferschulung.* Zugriff am 29. 04 2017 Verfügbar unter http://www.awo-rhein-oberberg.de/brandschutzhelferschulung.html

Bernasch - Lieber, R., Borgmann, M., Busch, H., Franz, H., Jäger, F., Koch, K., Kurz, M. et al. (2016). *Sackmann III. Das Lehrbuch für die Meisterprüfung* (42 Aufl.). Düsseldorf: Verlagsanstalt Handwerk GmbH.

DEKRA. (2017). *Dekra-Akademie. Brandschutzhelfer-Ausbildung.* Abgerufen am 28. 04 2017 von https://www.dekra-akademie.de/de/brandschutzhelfer-ausbildung/

Fließ, S. (2009). *Dienstleistungsmanagement. Kundenintegration gestalten und steuern.* Wiesbaden: Gabler.

Frietzsche, U. (2001). *Externe Faktoren in der Dienstleistungsbranche. Ansätze zur Lösung von Erfassungs- und Bewertungsproblemen.* Wiesbaden: Springer Fachmedien.

Geyer, A., Hanke, M., Littich, E., & Nettekoven, M. (2015). *Grundlagen der Finanzierung. verstehen - berechnen - entscheiden* (5. aktualisierte Aufl.). Wien: Linde.

Johanniter, D. (2017). *Aus Liebe zum Leben. Preisliste ab dem 1. April 2015.* Zugriff am 28. 04 2017 Verfügbar unter http://www.johanniter.de/fileadmin/user_upload/Dokumente/JUH/NRW/rv_rhei noberberg/Die_Kursgebühren.pdf

Deutsches Rotes Kreuz. (2012). *Kreisverband Oberbergischer Kreis e.V.. Angebote Erste Hilfe & Co.* Zugriff am 29. 04 2017 Verfügbar unter http://www.oberberg.drk.de/angebote/erste-hilfe-co.html

Nufer, G., & Bühler, A. (Hrsg.). (2012). *Management im Sport. Betriebswirtschaftliche Grundlagen und Anwendung der modernen Sportökonomie* (3., neu bearbeitete und erweiterte Auflage Ausg.). Berlin: Erich Schmidt Verlag.

Pepels, W. (Hrsg.) (2003). *Betriebswirtschaft der Dienstleistungen.* Herne: Verlag neue Wirtschafts-Briefe.

Wöhe, G., & Döring, U. (2013). *Einführung in die Allgemeine Betriebswirtschaft* (Vahlends Handbücher der Wirtschafts- und Sozialwissenschaften, 25., überarbeitete und aktualisierte Aufl.). München: Vahlen.

6 Abbildungs- und Tabellenverzeichnis

6.1 Abbildungsverzeichnis

6.2 Tabellenverzeichnis